VOGAIS

TREINE, TRACEJE, ASSOCIE E APRENDA

Aa

Ii

Oo

Ee

Uu

Todolivro

Rodovia Jorge Lacerda, 5086 - Poço Grande
Gaspar - SC | CEP 89115-100

Ilustração:
Freepik e Shutterstock

Revisão:
Helena Cristina Lübke

IMPRESSO NA CHINA
www.todolivro.com.br

Dados Internacionais de Catalogação na Publicação (CIP)
(Câmara Brasileira do Livro, SP, Brasil)

Vogais: Quebra-cabeça - 3 anos / Todolivro; [Ilustração: Freepik e Shutterstock].
Gaspar, SC: Todolivro Editora, 2023.
(Todolivro Play; 13)

ISBN 978-65-5617-915-5

1. Literatura infantojuvenil 2. Quebra-cabeças - Literatura infantojuvenil
I. Todolivro. II. Freepik e Shutterstock. III. Série.

23-146647 CDD-028.5

Índices para catálogo sistemático:

1. Livro quebra-cabeças: Literatura infantil 028.5
2. Livro quebra-cabeças: Literatura infantojuvenil 028.5

Eliane de Freitas Leite - Bibliotecária - CRB 8/8415

Instruções do jogo:

1. Este box contém **dois quebra-cabeças com 12 peças cada**, sendo dois temas, animais e praia. As peças têm dois lados. Então, você pode se orientar pela cor do verso de cada um deles para separá-las.
2. Procure uma superfície que tenha bastante espaço.
3. Escolha um dos temas e embaralhe as peças do quebra-cabeça.
4. Após separar os dois quebra-cabeças, vire para cima as peças que contêm a imagem a ser montada.
5. Após a montagem do quebra-cabeça, consulte o livro e faça as atividades propostas.

Dicas:

1. Experimente montar o quebra-cabeça de maneiras diferentes para testar sua capacidade.
2. Comece a montar com uma peça aleatória. Por exemplo, com a peça "OVELHA".
3. Monte o quebra-cabeça de trás para frente, começando pela vogal U até chegar à vogal A.
4. Explore diferentes formas de construir as vogais. No livro **há espaços para preenchê-las com grãos, pedrinhas ou massinha de modelar.**
5. Leia pausadamente, explorando os sons das vogais e das palavras. Depois, peça para a criança repeti-las com você.
6. Sugestão: assista vídeos que mostrem os movimentos da boca para a correta pronúncia dos **sons** das letras.

Objetivo: **Montar, aprender e se divertir com as vogais.**

Cuidado com as peças:

- Guardar dentro da caixa em local seco e arejado.
- Não expor à alta temperatura.
- Não molhar, dobrar, perfurar, colar ou riscar.
- Evitar atrito excessivo nas bordas para não danificar as camadas do cartão.
- Para limpar, use um pano seco ou levemente úmido apenas nas superfícies.

Boa diversão!

TREINO MOTOR - LINEAR

VAMOS TREINAR PARA QUE, NAS PRÓXIMAS PÁGINAS, VOCÊ CONSIGA ESCREVER AS VOGAIS.

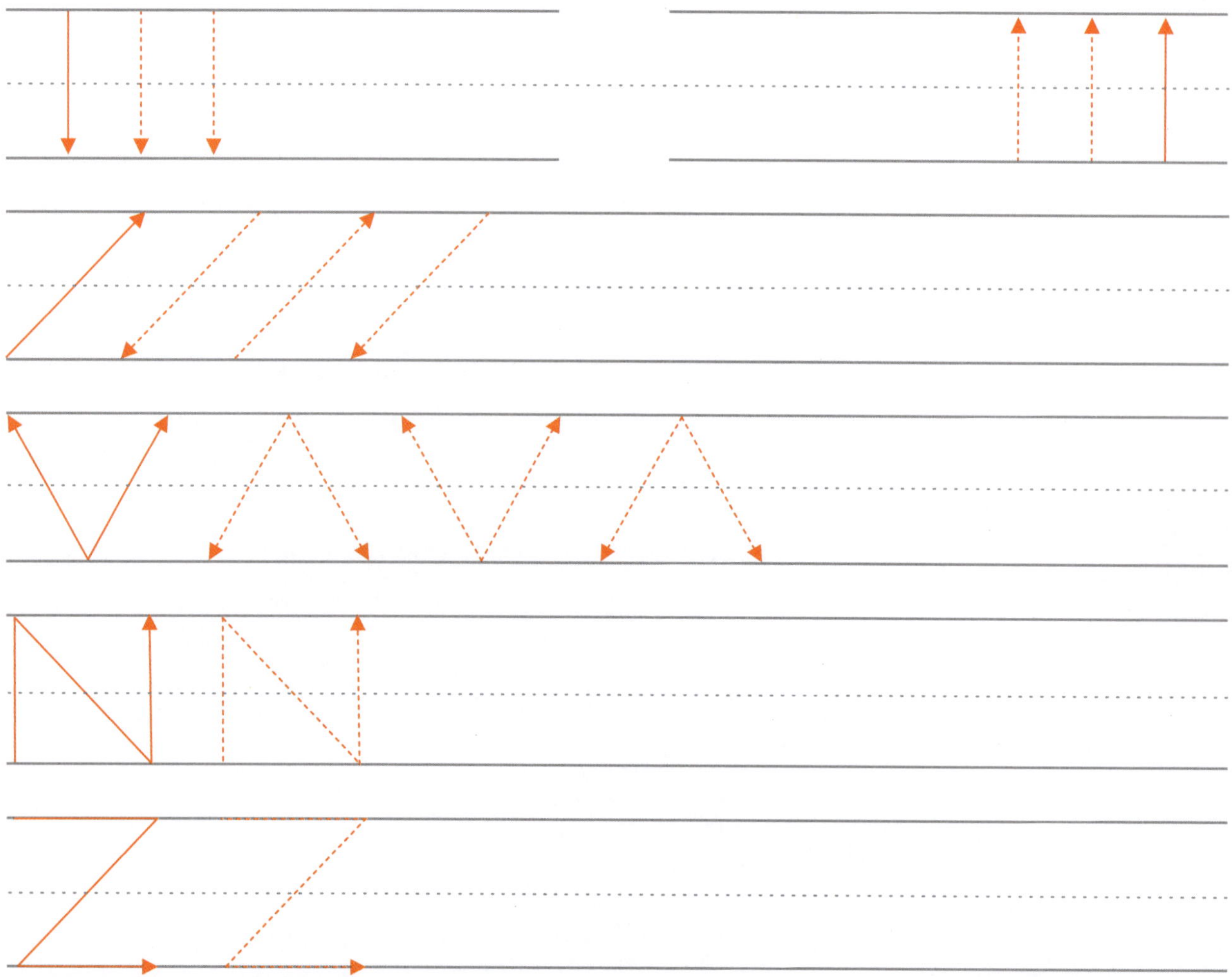

TREINO MOTOR - FORMAS CURVAS

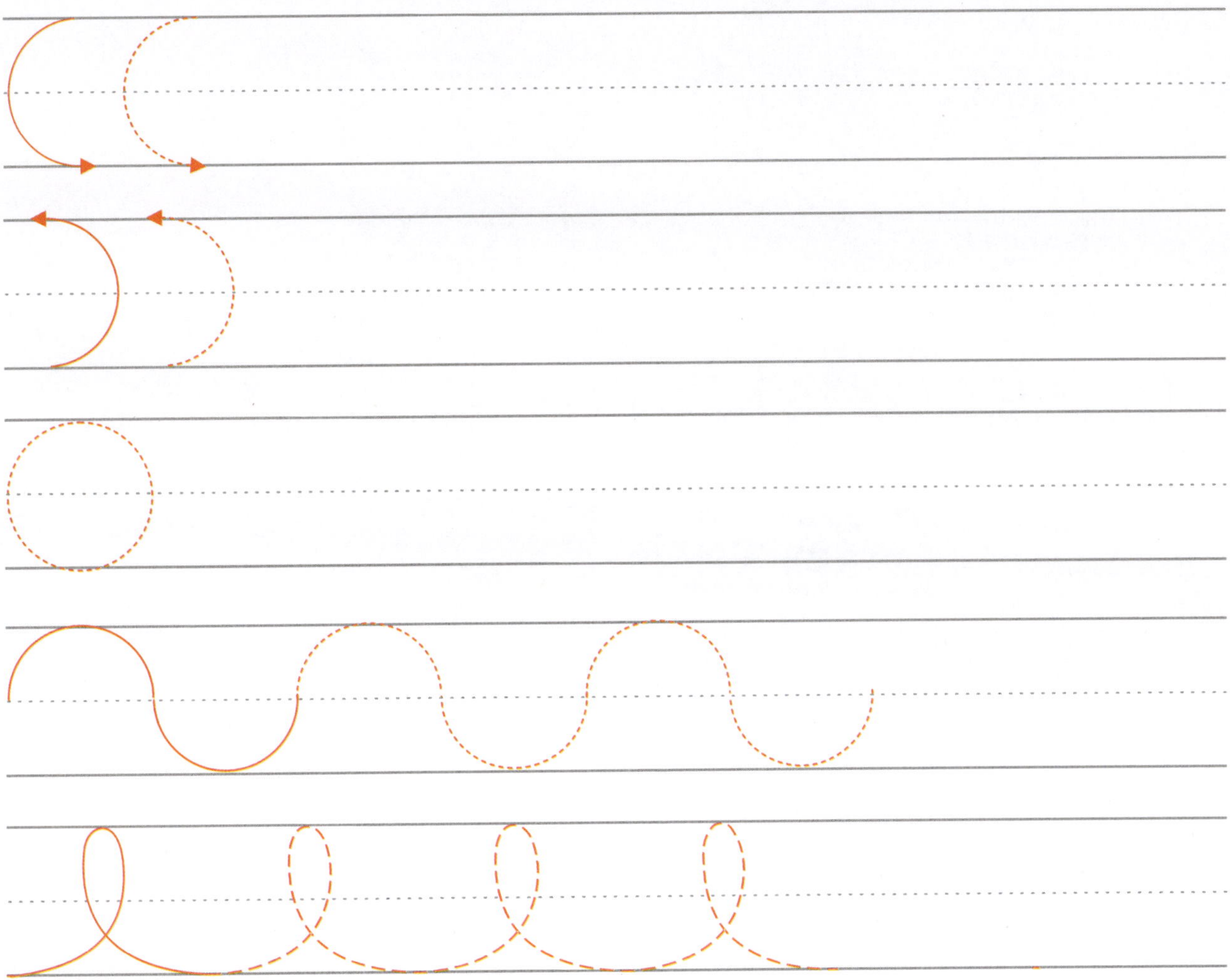

TREINO MOTOR - FORMAS GEOMÉTRICAS

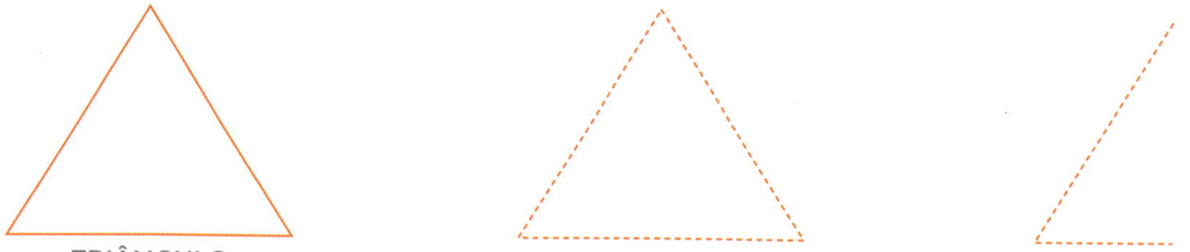

TRIÂNGULO

QUADRADO

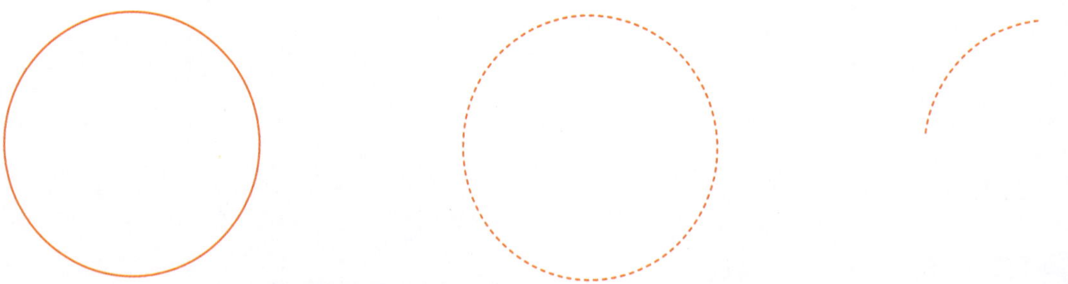

CÍRCULO

CUBRA O PONTILHADO LEVANDO AS FIGURAS PARA O OUTRO LADO.

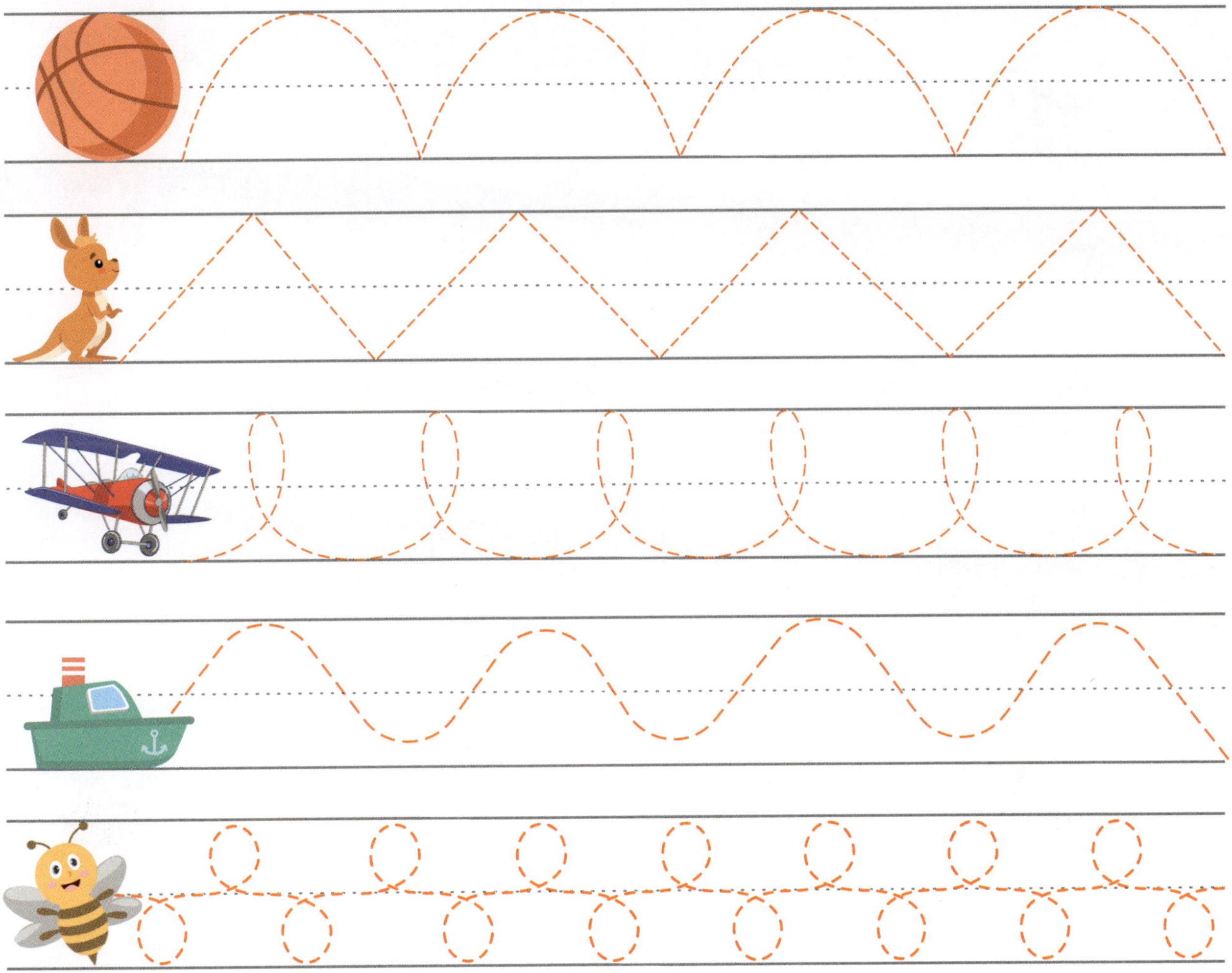

AJUDE A **ARARA** A CHEGAR NA **ÁRVORE**
E A **ONÇA** NA **CAVERNA.**

CUBRA OS PONTILHADOS E FAÇA AS **VOGAIS** EM **LETRAS MAIÚSCULAS.**

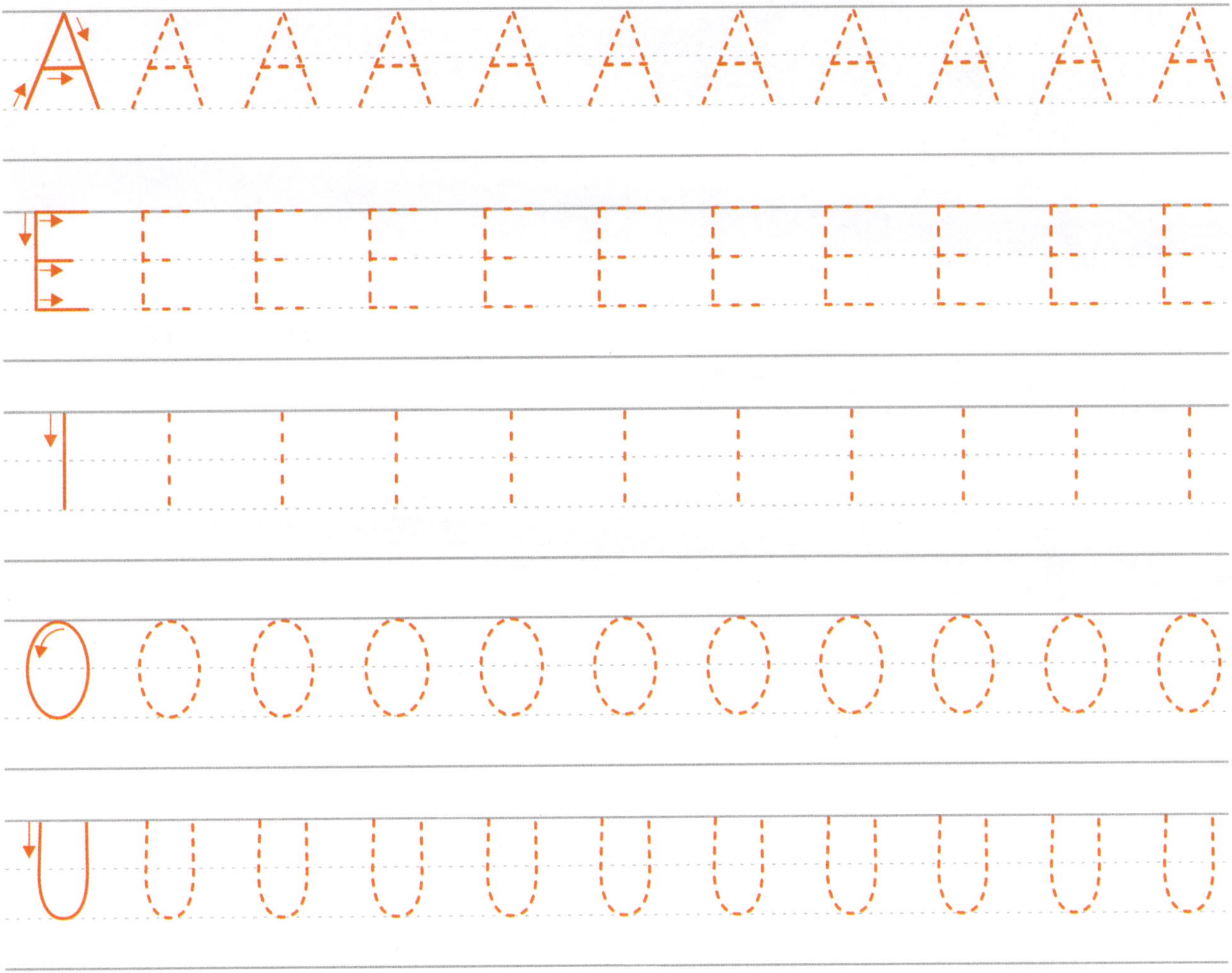

CUBRA OS PONTILHADOS E FAÇA AS **VOGAIS** EM **LETRAS MAIÚSCULAS.**

A A

E E

I I

O O

U U

CUBRA OS PONTILHADOS E FAÇA AS **VOGAIS EM LETRAS minúsculas.**

a a

e e

i i

o o

u u

Aa

CONTINUE TREINANDO AS VOGAIS,
PASSANDO O DEDO EM CIMA DO **Aa.**

OBSERVE OS QUEBRA-CABEÇAS.
E PROCURE NELES, NESTA E NA PRÓXIMA PÁGINA, **DUAS FIGURAS** QUE COMECEM COM A **VOGAL A.**

ALVO

AVESTRUZ

AVIÃO

ABACAXI

ABELHA

ÁGUIA

ABÓBORA

ABACATE

ARARA

ÁRVORE

A ARARA
AVISTOU A ÁRVORE.

Ee

CONTINUE TREINANDO AS VOGAIS, PASSANDO O DEDO EM CIMA DO **Ee.**

OBSERVE O QUEBRA-CABEÇA DOS ANIMAIS E PROCURE NELE, NESTA E NA PRÓXIMA PÁGINA**, UM ANIMAL** QUE COMEÇA COM A **VOGAL E**.

ESPELHO

ESQUILO

ESTRELAS

ESCOVAS DE DENTE

ESCADA

ESCORREGADOR

ESTUDAR

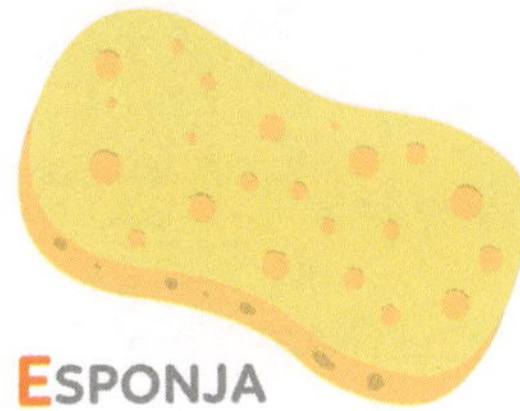

ESPONJA

ELEFANTE

O ELEFANTE ESPIOU
O ESPANTALHO.

ESPANTALHO

ESPIGAS DE MILHO

ESQUIAR

Ii

CONTINUE TREINANDO AS VOGAIS, PASSANDO O DEDO EM CIMA DO **Ii**.

OBSERVE E PROCURE, NESTA E NA PRÓXIMA PÁGINA, **UM LUGAR QUE É CERCADO DE ÁGUA.**
DICA: TEM TAMBÉM **NO QUEBRA-CABEÇA.**

IOIÔ

IGUANA

IMPALA

IGLU

IDOSOS

INSETOS

ILHA

ÍMÃ

INSETOS VIVEM
ALI, VIVEM AQUI
E QUEREM O MUNDO
DESCOBRIR.

Oo

CONTINUE TREINANDO AS VOGAIS, PASSANDO O DEDO EM CIMA DO **Oo.**

OBSERVE E PROCURE, NESTA E NA PRÓXIMA PÁGINA, UM **ANIMAL** QUE COMEÇA COM A **VOGAL O**.
DICA: ELE ESTÁ PERTINHO DO ELEFANTE NO QUEBRA-CABEÇA.

OVOS

ONÇA

ÔNIBUS

OVELHA

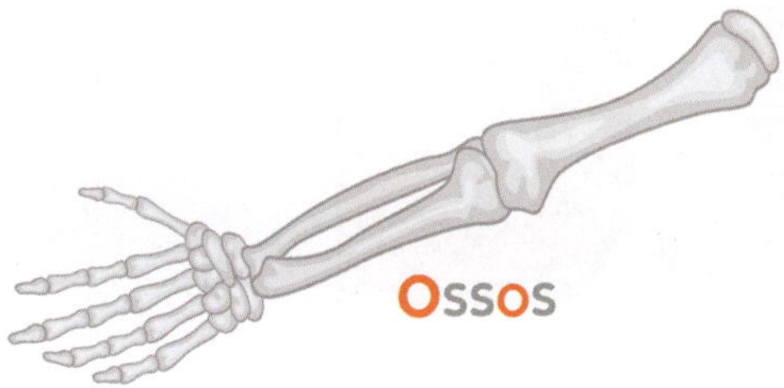

OSSOS

OVAL

8

OITO

A ONDA VAI E VAI,
SÓ ONDULADANDO
PELO MAR, E EU AQUI
A OBSERVAR.

U u

CONTINUE TREINANDO AS VOGAIS,
PASSANDO O DEDO EM CIMA DO **Uu.**

OBSERVE E PROCURE, NESTA E NA PRÓXIMA PÁGINA, UM **ANIMAL** QUE COMEÇA COM A VOGAL **U**.
DICA: ESTÁ PERTO DA
ONÇA NO QUEBRA-CABEÇA.

UNHA

URSO

URUBU

UNIFORME

1

UM

UNIVERSO

UVA

UM URSO, À PROCURA
DOS URSOS, ENCONTRA
UM URUBU.

JOGO DOS 7 ERROS

MONTE O **QUEBRA-CABEÇA AO LADO** DESTA **PÁGINA E ACHE OS 7 ERROS.**

RECORTE E ASSOCIE

CHEGOU A HORA DE COLOCAR EM PRÁTICA O QUE VOCÊ APRENDEU.

RECORTE OS QUADRADOS DA DIREITA E COLE-OS.

DICA: INICIE COMPLETANDO A PRIMEIRA COLUNA COM AS VOGAIS EM ORDEM ALFABÉTICA.

VOGAL	FIGURA	PALAVRA
VOGAL	FIGURA	PALAVRA
VOGAL	FIGURA	PALAVRA
VOGAL	FIGURA	PALAVRA
VOGAL	FIGURA	PALAVRA

O	URUBU	
A	ÔNIBUS	
I	ELEFANTE	
U	ABELHA	
E	ÍMÃ